NOTICES

SUR

LE PRÉSIDENT DE THOU

ET

SUR JACQUES HARRIS,

Auteur de l'Hermès,

TRADUITES DE L'ANGLAIS

Par A. M. H. BOULARD.

PARIS,

Chez MARADAN, Libraire, rue Guénégaud.

IMPRIMERIE DE Mme HÉRISSANT LE DOUX.

1818.

NOTICE

Sur le Président DE THOU.

L'histoire de cet illustre écrivain comprend un espace de soixante-trois ans, qui commence vers le milieu du seizième siècle, et qui finit vers les premières années du dix-septième.

Quoiqu'il ait mené une vie active (car il étoit président du parlement de Paris), il trouva cependant le temps d'écrire une histoire très-volumineuse et très-circonstanciée : il est un nouvel exemple de ces hommes qui servent à prouver qu'une vie contemplative peut s'allier avec une vie occupée. Beaucoup d'écrivains très-distingués ont été engagés dans des emplois publics, ont passé une grande partie de leur vie à voyager pour des affaires politiques, et n'ont eu pour leurs recherches littéraires que le temps qu'ils enlevoient aux occupations fatigantes du cabinet et du champ de bataille.

(1) Ce morceau est tiré des *Essais moraux et littéraires* de Knox, dont j'ai publié quelques fragmens dans le *Mercure étranger* que M. Amaury-Duval a publié vers 1813, et qui mériteroit d'être continué. (*Note du traducteur.*)

Dans une lettre adressée à De Thou par Grotius, celui-ci lui témoigne une grande surprise de ce que cet historien a pu composer un pareil ouvrage, au milieu de la variété des affaires publiques. De Thou auroit réciproquement pu montrer à Grotius un pareil étonnement; car ce savant hollandois, qui a composé tant de volumes, s'occupa des affaires publiques, et fut ambassadeur de la cour de Suède en France. Les facultés de l'esprit humain sont susceptibles d'une extension qu'on n'imagineroit pas; et celui que la nécessité force de déployer son esprit avec vigueur et avec promptitude, sera bientôt surpris de ses propres progrès. Une vie active et des emplois publics présentent mille motifs d'émulation que le savant resté dans la solitude n'a jamais connus. L'amour de la gloire, la crainte de la honte, la présence des témoins, l'ardeur qu'inspirent des efforts courageux, développent les facultés cachées de l'esprit, et le rendent capable d'exécuter les entreprises les plus honorables. Mais la trop grande défiance, le défaut de courage et l'indolence habituelle, sont souvent cause, qu'un homme étudiant beaucoup, vit et meurt dans la retraite d'une bibliothèque, sans avoir rien produit.

L'histoire de De Thou est très-imposante dès son début. La déclaration solemnelle par laquelle il prend Dieu et les hommes à témoin , qu'il écrit son histoire pour la plus grande gloire de Dieu, et pour l'avantage du genre humain , sans ressentiment ni partialité : ses protestations véhémentes et réitérées que la vérité est son seul guide, intéressent vivement les lecteurs en sa faveur, et disposent leur esprit à ajouter foi à ce qu'il va rapporter. La prière pleine de gravité par laquelle il termine son premier livre, est noble, et donne une grande idée de sa sincérité : on a tout sujet de croire qu'elle est l'élan d'un esprit sincèrement pieux et fermement résolu à répandre la vérité seule, autant que la sagacité humaine peut la découvrir.

Son style a toujours été admiré pour sa clarté, excepté dans les noms propres. Il est aussi, en général, véritablement élégant : il auroit été uniformément plein de beautés, si ce célèbre auteur s'étoit donné la peine de rédiger de nouveau les matériaux qu'il recevoit d'autres personnes. On ne sait si l'on doit attribuer à sa modestie, ou à un peu de paresse, le procédé qu'il a suivi d'insérer dans son histoire les récits qu'il recevoit de ses correspondans, ou qu'il tiroit des livres, à-peu-près dans les mêmes termes dans lesquels il les trouvoit. On convient que la partie de son histoire qui concerne son propre pays est la meilleure : on en conçoit aisément la cause : le sujet et les mots qu'il emploie sont entièrement les siens. Mais quoique les récits qu'il a reçus des autres soient d'un style inférieur au sien, cependant la diction n'en est pas barbare. Heureusement il a écrit dans un temps où le latin étoit cultivé par tous les savans de l'Europe, avec un zèle infatigable. Dans les Mélanges d'histoire et de littérature publiés sous le nom de Vigneul de Marville, mais qui furent écrits par Dargonne, De Thou est appelé le Tite-Live de la France, et on y dit que la pureté et l'élégance de son style le mettent au niveau des meilleurs historiens de Rome. La partialité nationale a peut-être porté un critique ingénieux à exagérer les louanges de son compatriote; mais il est certain que si De Thou n'égale pas les meilleurs modèles de l'antiquité, il en approche au moins pour l'excellence du style, la noblesse et l'abondance.

Une difficulté qu'il ne lui étoit pas aisé de vaincre, a contribué à diminuer les grâces de son style. Les noms modernes de lieux et de personnes se trouvent nécessairement en grand nombre dans un ouvrage de ce genre. Mais les noms modernes ont en général un son barbare dans un ouvrage écrit en latin : en effet, à peine sont-ils supportables. De Thou le sentoit, et les a en conséquence latinisés. Cependant ils retiennent encore quelque chose de leur son grossier; et, ce qu'il y a de pis, ils ont nui à la clarté de l'ouvrage, et l'ont rendu totalement inintelligible à la plus grande partie de ses lecteurs, sans un glossaire perpétuel. De Thou avoit raison de latiniser les noms; mais il a pris de trop grandes libertés : il les a totalement déguisés. Quel autre qu'un Œdipe pourroit deviner que *Quadrigarius* est le nom latin de Chartier, et *Interamnes* celui d'Entragues? Desmarets est transformé en *Paludanus*, Dubois en *Sylvius*, et de Selves en *Forestus*. Dargonne assure que notre historien a traduit le nom propre de Joly, par le mot latin, *Lepidus* ; mais les éditeurs observent que c'est sans fondement (1). Ceux qui ont donné la dernière et belle édition de cet auteur, ont eu soin d'y joindre en marge, avec beaucoup d'exactitude, les noms des personnes et des lieux ; mais il est encore désagréable d'être souvent interrompu au milieu de sa lecture, et d'être obligé d'avoir recours à un glossaire.

On a porté trop loin toutes les prédilections louables. C'est ainsi que la préférence donnée aux anciens, qui est incontestablement bien fondée, a conduit beaucoup d'auteurs modernes à changer leurs noms gothiques en mots qui

____

(1) C'est le mot *Joyeuse* qui est ainsi travesti.

ont quelque ressemblance avec des noms romains, mais qui en même temps ne sont ni romains ni gothiques, et servent seulement à déguiser ceux qui les portent, sous quelque combinaison barbare de syllabes avec des terminaisons latines. En un mot, le gothique des noms modernes est un grand malheur dans la république des lettres; il forme un métal de bas aloi, qui corrompt et souille les beautés intrinsèques du style latin élégant. Aussi je conseille à tous ceux qui écriront dans la suite, s'ils font quelque changement dans les noms, de n'y changer au moins que les terminaisons; car le manque de clarté est un défaut dont on ne peut être dédommagé par l'élégance.

NOTICE
SUR JACQUES HARRIS,
PAR LORD MALMESBURY.

Il y a, je crois, peu de lecteurs qui ne désirent savoir sur un auteur quelque chose de plus, que ce qu'ordinairement on apprend uniquement par ses propres écrits. Quand il s'agit d'un écrivain qui a eu des talents ou des mérites distingués, on aime à le considérer au sein de sa famille et dans sa vie sociale ; sa physionomie, ses habitudes , son extérieur, jusqu'à ses plus légers mouvemens, tout est caractéristique dans un pareil homme, et met en état de l'apprécier avec plus de justesse.

L'orgueil que je ressens d'être le fils d'un pareil père , ma reconnoissance et mon affection pour l'estimable auteur de mes jours, m'ont engagé à payer à sa mémoire un juste tribut de vénération et à faire connoître au public plus spécialement un homme que ses travaux littéraires ont rendu célèbre.

Jacques Harris naquit à Salisbury le 20 juillet 1709 ; il étoit le fils aîné de Jacques Harris et de lady Elisabeth Ashley. Sa mère étoit fille d'Antoine comte de Shaftesbury , et sœur de l'honorable Maurice Ashley Cooper , l'élégant traducteur de la Cyropédie de Xénophon, et du célèbre auteur des Caractéristiques.

Le révérend M. Hele, professeur de grammaire dans le Close de Salisbury, qui jouissoit dans sa patrie d'une juste réputation, fut chargé de la première éducation du jeune Harris.

Il quitta l'école de M. Hele à l'âge de 16 ans, pour continuer ses études comme *gentleman commoner* du collége de Wadham à Oxford. Aussitôt qu'il eut terminé sa carrière académique, son père le fit entrer à Lincoln's Inn, non qu'il le destinât au barreau, mais parce qu'il voulut, suivant l'usage de son pays, faire entrer l'étude des lois dans l'éducation de son fils.

Le père mourut lorsque le fils Harris eut atteint sa 24e année : possesseur d'une grande fortune, et maître de ses actions, il abandonna alors l'étude des lois pour se livrer à des travaux plus conformes à son goût. Il quitta la capitale et se retira dans la maison paternelle à Salisbury, où il se livra pendant quinze ans, presque exclusivement et avec passion, à la lecture des auteurs classiques des Grecs et des Romains.

Il croyoit que la critique la plus difficile et la plus précieuse dans la littérature et dans les arts, est celle qui recherche des beautés plutôt que des défauts ; et quoiqu'il eût assez de jugement pour distinguer et pour préférer les auteurs clas-

siques dans chaque genre, il étoit trop raison-
nable pour s'attendre à rencontrer souvent cette
excellence, et trop sage pour se laisser dégoûter
par la foiblesse et l'imperfection. Il croyoit que
la tentative de plaire, lors même qu'elle avoit
échoué, méritoit notre reconnoissance, et un
certain degré d'approbation.

Les philosophes grecs, et surtout Aristote,
étoient d'abord proscrits de son cabinet ; fort
tard seulement il apprit à les connoître et à les
apprécier. Il avoit partagé l'opinion, très-répandue
de son temps, qu'Aristote étoit un auteur obscur,
inutile, et dont le système avoit été renversé
par la philosophie de Locke. Après qu'il fut
revenu de ce préjugé, il le combattit dans ses
écrits avec énergie et succès.

Au milieu de ses travaux littéraires, il ne né-
gligeoit pas le bien public ; il remplissoit régu-
lièrement et assidûment les fonctions de magis-
trat du comté de Wilts ; et on admira souvent
son courage et la noble fermeté avec lesquels il
écarta les obstacles qui s'opposoient à la réali-
sation d'un projet utile. Il publia en un seul
volume trois traités : le premier, de l'*Art*, le
second, de la *Musique*, de la *Peinture* et de la
Poésie ; le troisième, du *Bonheur*. Indépendam-
ment du mérite de ces traités, comme composi-
tions originales, ils ont celui de renfermer de

nombreuses observations qui ont singulièrement contribué à éclaircir des passages difficiles des auteurs anciens ; il donna ainsi une preuve de l'ardent désir qu'il témoigna en toute occasion, d'encourager et de faciliter l'étude et l'examen des écrivains classiques des Grecs et des Romains. Le lord Monboddo trouve dans le traité de la poésie de meilleurs exemples de diærétique que dans aucun ouvrage moderne.

Au mois de juillet 1745, Jacques Harris épousa miss Elisabeth Clarke, fille de Jean Clarke, écuyer, de Sandford, près de Bridgewater, dans le comté de Sommerset. Il eut de ce mariage cinq enfans, dont deux sont morts très-jeunes ; les trois autres ont survécu à leur père.

Ce changement dans sa situation ne le détourna nullement de ses études ; en 1751, il publia son *Hermès* ou *Recherche philosophique concernant la grammaire universelle.*

Voici le jugement que le savant docteur Lowth, alors évêque de Londres, porta de cet ouvrage :

« Ceux, dit-il dans la préface de sa grammaire anglaise, qui désirent d'approfondir la » grammaire universelle, doivent nécessairement » étudier le traité publié sous le titre d'*Hermès*, » par Jacques Harris, écuyer, ouvrage qui est » le plus beau modèle d'analyse qu'on ait donné » après le siècle d'Aristote. »

Depuis l'époque de son mariage jusqu'à l'année 1761, Harris demeuroit habituellement à Salisbury, excepté dans l'été où il se retiroit quelquefois à sa campagne située près cette ville. Il consacroit ce séjour champêtre aux soins de sa famille, qui faisoit son plus grand bonheur, à la rédaction de ses ouvrages principaux, et à la société de ses amis et de ses voisins, avec lesquels il entretint toujours un commerce plein de gaîté. Son goût et son talent supérieur pour la musique, l'ont porté à s'occuper de son mieux de faire cultiver cet art dans son pays natal, où la musique étoit jusqu'alors presqu'absolument négligée, et il a réussi d'une manière extraordinaire. Il organisa la fête musicale annuelle de Salisbury, qui a fleuri plus long-temps que la plupart des institutions de ce genre. Il fit exécuter dans ces réunions, des morceaux tirés des meilleurs compositeurs italiens et allemands, et les adapta quelquefois à des paroles tirées de l'écriture sainte, ou du paradis perdu de Milton, ou à des poésies de sa composition. Ces poésies ont survécu aux occasions pour lesquelles elles avoient d'abord été destinées, et elles sont encore aujourd'hui très-estimées. Une partie en a été publiée avec la musique, en deux volumes, par M. Corse, ancien organiste de la Cathédrale de Salisbury ; le reste, qui est manuscrit, est en-

core dans la possession de la famille de l'auteur.
La maison de Jacques Harris étoit un rendez-
vous de tous les amis des beaux arts et des lit-
térateurs les plus distingués de Salisbury ; il est
certain qu'il a beaucoup contribué par ces réunions, à former le goût et les mœurs de ses
compatriotes. En société il étoit gai et affable ;
on ne remarquoit aucune trace de pédanterie
ni dans ses manières, ni dans sa conversation ;
jamais il n'étaloit son savoir avec ostentation ;
jamais il ne traitoit avec mépris les personnes
moins instruites que lui ; il cherchoit plutôt à
les relever et à les présenter dans le monde
comme ses égaux en connoissances et en mérite.

En 1761, Harris fut élu représentant au parlement par le bourg de Christ-Church ; il a con-
servé cette dignité jusqu'à sa mort. L'année
suivante il accepta la charge de lord de l'ami-
rauté ; en 1763 il fut promu à la place de lord
de la Trésorerie ; mais il l'abandonna lors du
changement du ministère en 1765. En 1774, il
fut nommé secrétaire et contrôleur de la Reine.
Cette charge, et les preuves éclatantes que la
Reine lui donna de sa bienveillance, embel-
lirent les jours de sa vieillesse.

Harris remplissoit avec zèle ses devoirs de dé-
puté au parlement, et prenoit part aux débats ;
mais il ne contracta jamais aucun esprit violent

de parti. Il abhorroit les factions et il n'abandonna jamais, même pour les affaires publiques,
ces recherches tranquilles encore plus intéres-
santes, qui avoient fait le bonheur et l'occu-
pation de ses premières années. Si elles furent
quelquefois interrompues pendant les sessions
du parlement, il les reprit avec un redouble-
ment de zèle et de satisfaction, à son retour
à la campagne. Il en donna une preuve lors-
qu'il publia en 1775 un ouvrage sous le titre
d'*Arrangemens Philosophiques*; ce traité ren-
ferme l'extrait d'un ouvrage sur la logique péri-
patéticienne qu'il n'avoit pu achever. L'extrait
est complet en ce qui concerne l'arrangement
des idées; mais il a aussi un autre but. Il combat
avec beaucoup de force et d'habileté la doctrine
du hasard et le matérialisme. Les Recherches
philosophiques (*Philosophical Inquiries*), sont
sa dernière production littéraire; elles furent
publiées en 1781 (1).

(1) C'est de cet ouvrage que M. Boulard a tiré
l'*Histoire littéraire du moyen âge*, qu'il a publiée
à Paris en 1789. Depuis, il a publié celle qu'a écrite
Berington. Il l'a divisée en plusieurs parties, savoir :
1º l'*Histoire littéraire des huit premiers siècles de l'ère
chrétienne* ; 2º l'*Histoire littéraire des neuvième et
dixième siècles* : celle des onzième et douzième siècles
va paroître incessamment. C. G. K.

C'est le plus populaire de ses ouvrages ; il contient plutôt un sommaire des conclusions auxquelles la philosophie des anciens l'avoit conduit dans ses recherches critiques, qu'un système régulier et parfait. Les principes qui mènent à ces conclusions sont quelquefois omis, parce qu'ils n'étoient pas à la portée du peuple, et qu'il vouloit instruire par des exemples plutôt que par une stricte démonstration. En écrivant cet ouvrage, il voulut se procurer la satisfaction de jeter un coup-d'œil sur les études qui avoient exercé son esprit dans la plénitude de sa force, sur le développement successif de ses idées, et laisser en même temps à ses amis, un monument de son affection. Mais son ouvrage prouve en même temps que Harris conservoit jusqu'au déclin de ses jours, cette force de caractère et cette bienveillance qui sont l'apanage de la jeunesse.

Cette force morale relevoit seule depuis plusieurs années ses forces physiques : il n'avoit jamais joui d'une constitution robuste ; mais l'extrême activité avec laquelle il travailla à son dernier ouvrage, lui attira de nouvelles infirmités qui augmentèrent graduellement. Ses enfans, et les personnes qui lui avoient donné leur affection, ne pouvoient se dissimuler que leur ami et leur père étoit au dernier déclin de sa vie ; il appréhendoit lui-même la fin de ses jours ; mais son calme n'en fut point altéré, et il contempla sans trouble et sans chagrin la perspective imposante d'une vie à venir. Il expira le 22 décembre 1780, dans la soixante-douzième année de son âge.

Ses restes furent déposés près de ceux de ses ancêtres, dans l'aile septentrionale de l'église cathédrale de Salisbury. On lui éleva, dans l'enceinte sacrée où reposent ses cendres, un monument qui porte l'inscription suivante :

M. S.

JACOBI. HARRIS. SARISBURIENSIS.

VIRI. BONI. ET. DOCTI.

GRÆCARUM. LITTERARUM. PRÆCIPUÈ. PERITI.

CUJUS. OPERA. ACCURATISSIMA.

DE. ARTIBUS. ELEGANTIORIBUS.

DE. GRAMMATICA. DE. LOGICA. DE. ETHICE.

STYLO. BREVI. LIMATO. SIMPLICI.

SUI. MORE. ARISTOTELIS.

CONSCRIPTA.

POSTERI. LAUDABUNT. ULTIMI.

STUDIIS. SEVERIORIBUS. ADDICTUS.

COMMUNIS. TAMEN. VITÆ. OFFICIA.

ET. OMNIA. PATRIS. MARITI.

CIVIS. SENATORIS. MUNERA.

ET. IMPLEVIT. ET. ORNAVIT.

OBIIT. XXII. DIE. DECEMBRIS. M. DCC. LXXX.

ANNO. ÆTATIS. LXXII.

Au-dessus de cette inscription est une figure

de femme représentant la Philosophie tenant le médaillon sur lequel est figuré le buste de Harris, et qui porte l'inscription suivante :

TO. ΦΡΟΝΕΙΝ.
ΜΟΝΟΝ. ΑΓΑΘΟΝ.
ΤΟ. Δ' ΑΦΡΟΝΕΙΝ.
ΚΑΚΟΝ.

La sagesse, de l'homme est le seul bien durable ;
La démence bientôt de malheurs nous accable.

VŒUX D'UN CITOYEN.

Que les bibliothèques publiques n'aient pas de vacance, ou qu'elles ne l'aient pas toutes en même temps. Il y a plusieurs conservateurs et employés à la bibliothèque du Roi. Ils peuvent avoir même chacun un mois de vacance en se relayant alternativement, pour que le service public ne souffre pas. Si pour ranger les livres ou pour quelqu'autre travail, on a besoin d'un surplus de collaborateurs, qu'on prenne momentanément quelques aides. Cela sera même avantageux à plusieurs hommes estimables.

Que plusieurs places ne soient pas cumulées sur la tête du même homme. Beaucoup d'hommes de lettres et de savants n'ont rien, tandis que plusieurs ont trop. Ces vœux sont désintéressés, car je ne demande ni ne désire aucune place, étant à la fin de ma carrière.

Que dans le Code civil on déclare les concubines incapables de recevoir des legs de ceux avec qui elles ont vécu scandaleusement. J'ai vu dans ce genre des familles déshéritées de la manière la plus indigne.

Quand dans une grande ville on fait afficher un avis important pour les citoyens, que le

Préfet fasse insérer cet avis dans un journal qu'il aura précédemment déclaré officiel à cet égard. Par exemple, à Paris, on pourroit indiquer à cet égard le journal de Paris. Les délais de rigueur ne courroient que du jour de l'insertion dans ce journal.

Vers à Bonaparte sur une exposition de tableaux au Louvre, où l'on ne voyoit que des batailles, où il étoit toujours le principal personnage, notamment celle de Prussich-Eylau.

Dieux ! que vois-je en ces lieux ? la liste de tes crimes,
Et le bourreau toujours au milieu des victimes.

Sur le danger des innovations en religion et en politique.

La nouveauté séduit avec un air riant ;
Mais regardez son bras qui tient un fer sanglant.

FIN.